西村玲子の絵と手とことば

REIKO'S CREATION

daily life / my favorite fashion / joy of handmade / memories of the journey / fashion in the movie / life with children / my favorite character / calendar work / works of the beginning

from 1970

p.5

I

LIFESTYLE

Daily life

毎日の暮らし

p.63

II

FASHION

My favorite fashion

お気に入りのファッション

p.107

III

HANDMADE

Joy of handmade

手仕事の愉しみ

p.155

IV

JOURNEY

Memories of the journey

旅の想い出

CONTENTS

p.183

V

MOVIE

Fashion in the movie

映画に学ぶおしゃれ

p.207

VI

CHILDREN

Life with children

子どものいる風景

p.229

VII

RONRONMAMA

My favorite character

ロンロンママ

p.249

VIII

CALENDAR

Calendar work

カレンダー

p.255

IX

EARLY WORKS

Works of the beginning

初期の仕事

p.266

著書一覧

Message

　昨日嬉しいお手紙が届いた。初めての方からのお手紙だった。私よりひとつ歳下の女性で、私と同じく癌になられて、手術で治されたということ。可愛い猫を亡くしたことでも同じ経験をされていて、近かったらお会いして、あれこれ話をしたいくらいである。

　ふたりはしっかりと同じ場所に立っているようだが、それでもわずかにいろんなことが違ってくる。そこのところがまた面白い。それを確かめるような、そういう会話が出来れば嬉しい。と呑気な私はにんまりと笑う。

　さて、この本を作って頂いて、今までの仕事を懐かしく思い出している。忘れていたことも多い。こんな仕事もあんな仕事もやっていたなあ、ふー。仕事以外の家族の様子や、そのころ着ていた服、買ったもの、食べたもの、様々なものがフラッシュのように次から次へと忙しく現れる。

　たまにはこういう思い出を引き出すこともいいと思う。いいと思うがあんまり過去にとらわれるのはね。こんな年齢の私でも、新しい素敵な出来事に出会いたい。それが一番。

西村玲子
Reiko Nishimura

I
LIFESTYLE
Daily life

「毎日の暮らし」

素敵な物に囲まれて暮らしていくことの楽しさに夢中になっていた。それだけでは何というか軽さが気にかかる。どうしてそれらの物に惹かれたのかを深く掘り下げていかないと、上辺だけの中身のない品物がどんどん増えていくだけ。以前はこんなことは考えなかった。年齢とともに考えることが複雑になり、シンプルではなくなった。シンプルになっていくものとばかり思っていたが誤算だったな。

私が入院している間、私の持ち物のあまりの多さに「お母さん、すこし物を減らしませんか」と娘から提案される。なぜか私もそちら側に向きを変えつつあったので、娘にお願いすることにした。そしたらものの見事にすっきりと、びっくりするほど片付いた。

「これでもまだありすぎよ」そうかもしれない。これからは私が責任を持って物を減らしていきますから…。

01

6　01.『玲子さんのおしゃれコレクション』2000年

02. 「符合する何か」大丸個展

花があるだけで美しいから、買うときも贈るときもアレンジメントに関して意外に消極的になりがちだ。花の取り合わせも、いろいろ冒険してみて、少し凝ったアレンジメントにしてみたい。ウワッと大きな花弁の花、かすみ草のような点々のもの、そして垂れ下がる種類といった風に、性質の違うものを集めてみる。木の実や少し枯れた葉のものなどをあしらうのもいい。

難しかったら色だけは揃える、とそんなところから挑戦してみたい。活ける器も花瓶だけに限りません。花瓶の代わりに、ポットやミルククリーマー、使わなくなった欠けたホーローのポット。ガラス瓶も、見回してみたら、可愛い形のものがいっぱい。ジュースが入っていたものとか、ジャムのとか。籠に飾る方法も楽しい。大きな籠の中に数種類の花。今、摘んできたばかりという感じで、うわーっと飾るのがいい。

『玲子さんの花育て花暮らし』1998年より

03. 『色鉛筆の花たち』1991年

05

06

07

10　　05.–07.　ギャラリーゑいじう個展2018年

08.　「ジャンヌの日常」ギャラリーゑいじう個展2018年

09. 『花にウキウキ』1992年

10. 『玲子さんの自分センスで暮らしたい』1994年

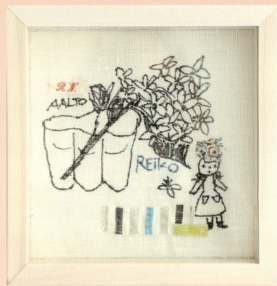

11 | 12
13

14　11.–13.（額装）　ギャラリーゑいじう個展2018年

14. 『もっと素敵に、美しく』2014年
15. 『旅のように暮らしたい。』2002年

17.–20. 『花にウキウキ』1992年

21.『花にウキウキ』1992年

22. 『玲子さんの花育て花暮らし』1998年

20　23.『玲子さんのおしゃれコレクション』2000年

息子が捨てられていた黒猫を拾ってきた。それが
ひじきとの出会い。一年前からいるチワワのかすみ
と一緒に忙しくも楽しい生活。二匹はつかず離れ
ずの間柄だった。その他に小鳥や金魚、チンチラ。
ひじきは家の中にいる小鳥やチンチラや金魚に手
を出すことも無く、穏やかな猫なのだが、ベランダ
にやってくる蝉や鳥は容赦なく追いかける。野生の
血が騒ぐのだろう。

『もっと素敵に、美しく』2014年より

24.『玲子さんのときめき365日　暮らしを彩る13のヒント』2001年

25. 『もっと素敵に、美しく』2014年

26. 27. 『黒猫ひじき』2006年

24　28.30.『黒猫ひじき』2006年　29.『おしゃれの適齢期』2008年　31.『西村玲子のいつだって着こなし上手』2009年

32. ギャラリーミュー個展

26 　33.　ギャラリーゑいじう個展2018年

34. 『西村玲子の定番コーディネイトブック』1993年
35. 『おしゃれはわくわく2　四十代からの暮らし 考える』1999年
36. 『玲子さんのクロゼット1』1989年

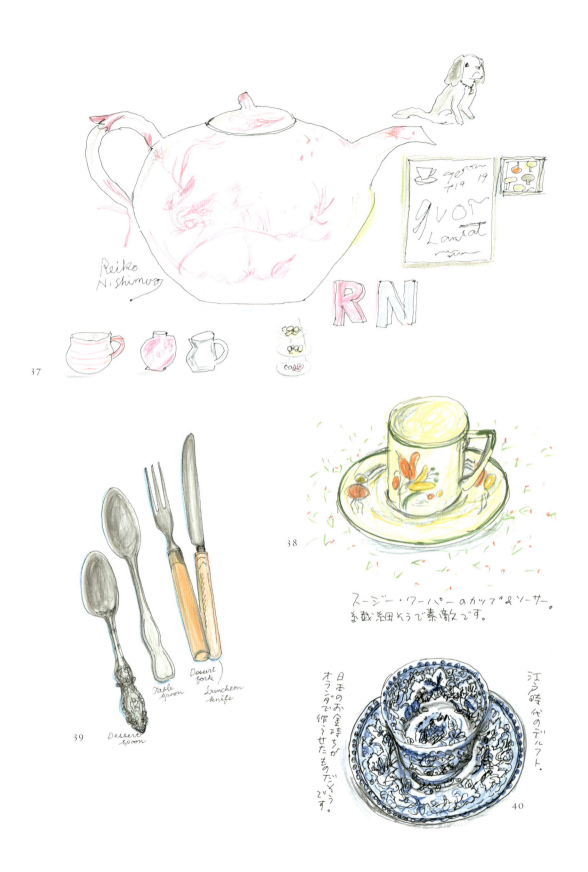

37. 「ティーパーティーへのお誘い」ギャラリーゑいじう個展2018年　　38. 『玲子さんのおいしいテーブル』1998年
39.40. 『西村玲子のわくわくアンティーク』1995年

41.「あるイギリスのホテルで」ギャラリーゑいじう個展2017年

42.43.『くらしの色えんぴつ PART3』1987年

食器というのは、つい買ってしまうという（衝動買いという意味じゃなく）ものの一つだと思う。私の買い方はほとんど一枚ずつ、一つずつ。使って気に入ったら慌てて家族分を買い足すこともあるけれど、とりあえずは欲しい。自分のものにしたいのだ。それから、今も続いているけれど、古い食器。染付の少しよいものから印ばんのものまで、とにかく古い和食器が欲しくて、骨董屋さんの前を通り過ぎることのできない時期もあった。一応の種類と大きさは揃っているし、日常の食生活に潤いを与えるおしゃれな気分も満喫できるし、これ以上あってもねえ。というところで、食器に凝りたい気持ちは以前よりずっと薄れた。薄れたものの、やはり食器好きだから、積極的な姿勢ではないけれど、一つ二つ三つと少しずつ食器棚を狭くしている。私もまだまだ変わるのかなあ。

『玲子さんの自分センスで暮らしたい』1994年より

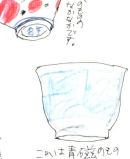

44.45.『玲子さんのキッチンおしゃれノート』1986年

46.　大丸個展2000年頃

47. 『玲子さんのおしゃれコレクション』2000年

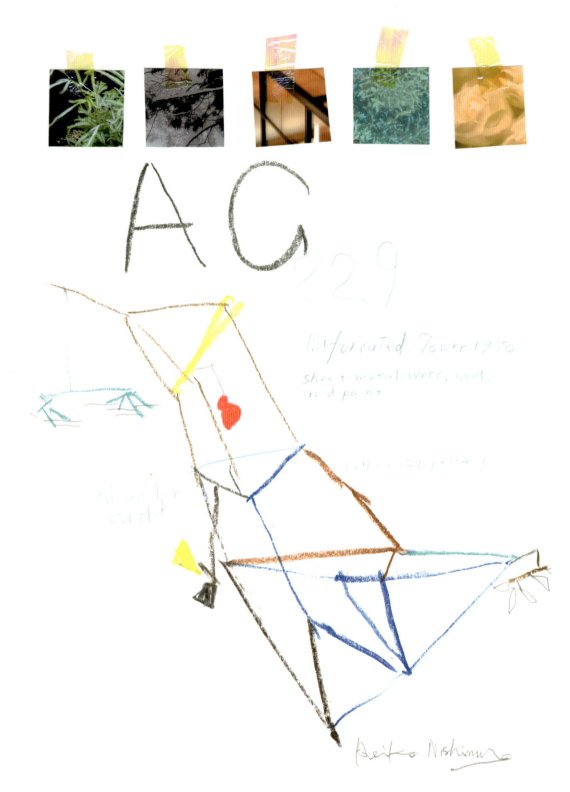

48．「カルダー 2」京王プラザホテル ロビーギャラリー個展

49

50

49. ギャラリーゑいじう個展2018年　　50.「お気に入り」ギャラリーゑいじう個展2018年

36　51.52.55.　『おしゃれ上手に年を重ねて』2012年

マンション住まいの私は、庭の緑あふれる風景、桜、ハナミズキなど樹に咲く花、実などが次々と季節の移り変わりを知らせてくれる家が羨ましい。できるだけその恵みを我が家でもと無駄な努力をしているが。メキシコの建築家、ルイス・バラガンの家を再現した展覧会を観た。鋭い美意識で至る所まで神経が行き届いている。それでいてゆったり流れる温かさ。これだなと思う。幸い、我が家から眺めるお隣の森のような庭で、大げさに言えば軽井沢にいるような気分を味わっている。昨年から借りて始めた小さな畑で、彼らの成育を見つめながらふつふつと沸いてくる愛情を抑えきれない。もう、可愛くて。植物の力は絶大。

『おしゃれ上手に年を重ねて』2012年より

53
樹の元気を植えてもらう。

テラコッタはイタリア製。
こんなモダンなスタンドに花を飾ってモダンな暮らしをしたい。
54

インテリアに、鉢植えをテーブルにいくつか飾ります。
55

53.『花とともに夢みてばかり』1996年　54.『西村玲子快適インテリアへのおさそい』1995年　37

56. 『玲子さんのおしゃれコレクション』2000年　57. 『玲子さんの毎日がとっておき　暮らしを彩る12＋1のヒント』1999年
58.61. 『花とともに夢みてばかり』1996年　59.60. 『西村玲子快適インテリアへのおさそい』1995年

62

63

40　62.「くつろぐ2」　63.「目くるめく世界に」ギャラリーゑいじう個展2018年

64. ギャラリーイヴ個展

65.–67. ギャラリーゑいじう個展2018年

68.71.『玲子さんのおしゃれカラーレッスン』1996年　70.『西村玲子のわくわくアンティーク』1995年

44　72.『花にウキウキ』1992年

73.『玲子さんの自分センスで暮らしたい』1994年　74.『色鉛筆の花たち』1991年

グロリオサ、ハツレミネラ、そして
ウイキョウ と黄色と赤でまとめて
みたのだけど、大人の女という雰
囲気かな、なんて。

75

46　75.『玲子さんの自分センスで暮らしたい』1994年

76.-78. 『色鉛筆の花たち』1991年

79 ミモザの小さなマルマルが可愛い。

80 アネモネとムスカリで紫色のかたまりを。

82 憧れは自然なガーデン。

84 ポンポンギクの花をジャムの瓶に。

85 セイジの花はきれいな紫色。

79.80.85.『玲子さんのおしゃれカラーレッスン』1996年　　81.83.87.90.『くらしの色えんぴつ　PART3』1987年

48　82.『玲子さんのときめき365日　暮らしを彩る13のヒント』2001年　　84.『色鉛筆の花たち』1991年

86.88.『玲子さんの毎日がとっておき　暮らしを彩る12＋1のヒント』1999年　89.91.92.『花にウキウキ』1992年

50　93.『玲子さんの自分センスで暮らしたい』1994年　94.『花にウキウキ』1992年

95

ニューヨーク、パリのクリスマスシーズン、イルミネーションがきれいでディスプレーが楽しくて、どこへ行ってもクリスマスムードに溢れている。そのいろいろ工夫された飾り付けを見ていると、私達ってなんとなくクリスマスのイメージを固定して考えているように思える。イルミネーションもツリーも少し型にはまり過ぎているような。子どもたちが小さかった頃は、クリスマスの飾り付けも派手にして楽しんでいた。ただ楽しければそれでよかった。今はどこかポツリとクリスマス、あら、ここにクリスマスが来ていたのね、というインテリアが好き。リースだったり、キャンドルだったり、小さなツリーだったりする。それでいて結構凝っている、というのが面白い。たとえばルームコロンはクリスマスのために売られたいい香り、ポプリもそう。クリスマスの花も定番ではなく、クリスマスカラーをイメージさせるものならいろいろ使ってみても素敵。

『玲子さんの花育て花暮らし』1998年より

95.『玲子さんのメリークリスマスブック』1988年

96.99.102.-104.『花とともに夢みてばかり』1996年　　97.100.101.『ピコロ』　98.『西村玲子の夢物語』1991年

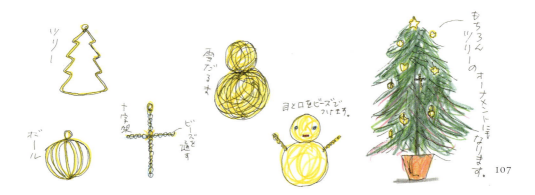

54　105.107.108.『ピコロ』　106.109.110.113.114.116.『玲子さんのメリークリスマスブック』1988年

108.112.115.『玲子さんのおしゃれ上手は子育て上手』1995年　111.『西村玲子の夢物語』1991年

　春は何だかとっても短くて、恥ずかしがり屋の子猫みたい。いつの間にかスルリとわたしの腕から抜けていくのです。桜がそう。忙しい忙しいとアクセク働いていたり、街をかけ抜けていたりすると、すっかり桜に出会えない春になったりするのです。桜の好きなわたしは、それがとりわけ淋しくて、歩いて十分ほどの代々木公園の桜を思います。「もうそろそろ芽ぶくころかしら」「満開かな」「昨日の風で散ってしまったんじゃないかしら」次の春にはちゃんと出会えるのに、桜が散るって何であんなに淋しいのかな。長い冬の後にくる春はそんな意味で神さまが我々にくださった贈り物かもしれないな。「何かしなくっちゃ」という気持ちは、「何かできそう！」につながるし、そうなると本当にできちゃったりするのは春のせいなのだと思います。だからこの季節、身体中全部使ってイキイキを吸収したいのです。

『くらしの色えんぴつ』1983年より

119.121.『くらしの色えんぴつ　PART2』1985年　　120.『花とともに夢みてばかり』1996年

122 漆のスプーン これで食べると、とても幸せな気分。ぜひお試しを。

粗お弁当箱。単なるおむすびもぐっと気品が。 123

124 ねごろ木椀

えびしんじょのお吸いもの椀

125 片口、盛り鉢としても使えるし、便利です。

茶 根来塗りの菓子皿 ねごろで見える黒が味わい深い。

よい漆器は使うほどに口味が出る、一生ものの器だそうです。お盆もいろいろに利用したいですね。

フタつき汁椀 126

58　122.123.125.-127.『玲子さんのキッチンおしゃれノート』1986年　124.129.『玲子さんの自分センスで暮らしたい』1994年

127

シンプルな盛鉢だから、サラダやスパゲティなどにもぴったり。こういうの欲しいです。

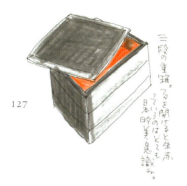

三段の重箱。フタを開けると朱赤、っていうのはとっても日本的美意識。

128

うさぎの和菓子。まん丸のお盆に。

129

笹でくるんだ冷たい麩まんじゅう。

130

満月までの月。漆の盃。

131

竹筒にすすきを飾って。

128.130.131.『花とともに夢みてばかり』1996年

132．135．『自分らしく生きるおしゃれのレシピ』2007年　133．『玲子さんのキッチンおしゃれノートPART2』1989年
134．『玲子さんの毎日がとっておき　暮らしを彩る12+1のヒント』1999年

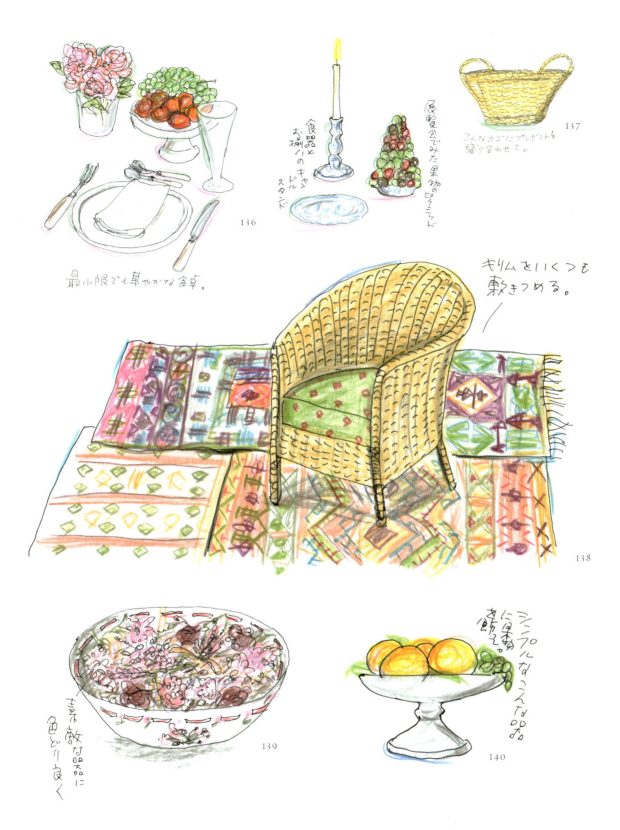

136.『玲子さんのおいしいテーブル』1998年　　137.139.『花とともに夢みてばかり』1996年
138.140.『西村玲子快適インテリアへのおさそい』1995年

アメリカの映画などを観ていると、プレゼントを受け取るシーンは必ず、バリバリと包み紙をはがし、中身を取り出して大喜びをする。必ずである。パッケージよりも中身を早く見たいのよ、この嬉しい気持ちを早く表したいのよ、と。それが礼儀なのかしら、と思うがとうなのだろう。その度に、あー、きれいに包装したのに、それも見てあげてよと言いたくなる。私たちは多少なりとも包装に凝るので、まずそれを愛でてから、「きれい、素敵、開けるのもったいないわ、このまま飾っときたい」などと言って、うっとりいろんな角度から見て、やっとおもむろにゆっくり開けるのだ。その間、渡した人は、開けたらもっと喜ぶわよと、うふふと思いながら、その手元を見守るのである。プレゼントは、いただくのもあげるのも楽しくなくてはいけない。少しの工夫とセンスで。

141.『花とともに夢みてばかり』1996年
142.『玲子さんのキッチンおしゃれノート』1986年
143.『玲子さんのシネマ・ファッション』1988年

『西村玲子の素敵な"リ"ライフ』2006年より

II

FASHION
My favorite fashion

「お気に入りのファッション」

　今までの仕事をテーマごとにまとめていくと、当然ながらファッションに行き着く。ただファッションというと軽い辿り着きになる。生きてきて、服に関してはこれという到達点はないし、年齢と共にもうこれは似合わないわ、など、簡単に切り捨てられる。服作りが私の仕事ではないからである。だからといって楽しいところだけ頂いていいものだろうか。これからでもいいだろう。私はもっと深く、私たちの年齢のファッションに取り組むつもり。そうしよう。

　今この文章を書くことが、私自身を見直す良い機会になっている。どんなことも遅すぎることはない。90歳を迎えた素敵な知人は年齢の可能性をひろげてくれた。年齢ってなんだろう。テレビでも84歳の男性が、亡くなった妻の分も頑張りますといって、トライアスロンに挑戦していた。この人のことも忘れない。素敵な人が増えていく。

144. 「輝く」京王プラザホテル ロビーギャラリー個展 2003年

145.「いつの日か…」京王プラザホテル ロビーギャラリー個展2004年

66 146.『おしゃれのセンスは街ゆく人から』2000年

Existenz geliebter Mens‹
materiellen Besitzes, der
mußte. Hier liegt die h

148.　大丸個展2000年

そろそろ秋のおしゃれを、というとき、やっぱり気になるのは足もと、靴ですねえ。靴をピカピカにしている人はおしゃれ度に高得点をあげたくなってしまう。靴を選ぶときの基準は、もうひとすじなわではいかない。私など苦労連続物語。涙なくしては語れない情けなくも哀しい靴の歴史がある。足の形が悪い私などはそんなふうに、形の良い靴から拒否されているため、思った通りの靴ははけない。それでも趣味はうるさいから、おばさんふうの靴は嫌だし、と大変。しかし、近頃はフラットシューズも年齢を問わず定着していて、一応うれしい時代です。常に古びた靴をはいているというイメージにならないために、何足もの靴を毎日替えてはきたい。型くずれしないし、気分も新しくていい方法だと思いますが。以前は足に合う靴ばかり悪くなるまではき続けたりもしたのですが、今は数が十分でも、好きで一応足に合う靴なら買っておく、という姿勢。好きな靴なら手入れも欠かさない。ピカピカになるセットを買いこんだら、手入れが苦にならなくなってきた。

『玲子さんの自分センスで暮らしたい』1994年より

150.

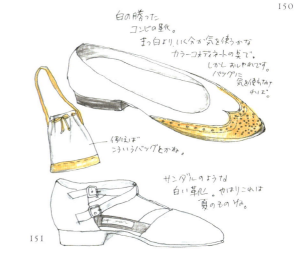

151.

149. ギャラリーゑいじう個展2018年

152.

150. 『くらしの色えんぴつ PART3』1987年　　151. 『玲子さんのおしゃれノートA-Z』1988年
152. 『西村玲子の定番コーディネイトブック』1993年

69

153

70 153.「好きなものに囲まれて、月の出を待つ」ギャラリーゑいじう個展2018年

154. 「好きなものいろいろ」ギャラリーゑいじう個展 2018年

72　155.『おしゃれ上手に年を重ねて』2012年　156.157.『西村玲子のいつだって着こなし上手』2009年

158. 『玲子さんのクロゼット2』1990年

74

160.–162. 『おしゃれの適齢期』2008年

76　163.–165.『おしゃれの適齢期』2008年

166.『西村玲子のおしゃれはわくわく3 これからも私の暮らし』2001年

167.168.『西村玲子の暮らしのメイクアップ』2004年

169.

80　169.「ロマンス」ギャラリーゑいじう個展2009年

170

171

172

170.172. ギャラリーゑいじう個展2018年　171. 『くらしの色えんぴつ　PART3』1987年　　81

82　173.「ショッピング・ニュス」大丸個展2002年

175. 「あの頃」京王プラザホテル ロビーギャラリー個展2004年

176.「秋の色」ギャラリーゑいじう個展2009年　85

177.–179.『おしゃれの適齢期』2008年

88　180.182.-184.『おしゃれの適齢期』2008年　181.『玲子さんの大人のおしゃれ生活』2013年

185. 『玲子さんのおしゃれノートA-Z』1988年

90　186.『おしゃれの適齢期』2008年　187.188.『おしゃれの基本帖』2006年

189. 『おしゃれ上手に年を重ねて』2012年

191. 「くつろぐ1」ギャラリーゑいじう個展2018年

自分にとっての定番の服に新しさを少しだけプラスする着こなし。

192.–196. 『西村玲子のおしゃれはわくわく3 これからも私の暮らし』2001年

若いころ着ていたトラディショナルな服、今、着てみてもおかしくないような気がして。

チェックのプリーツも今風になっていますが。

この秋もどこか手作り風を取り入れていきたい。

197.198.200. 『西村玲子のおしゃれはわくわく3 これからも私の暮らし』2001年
199. 『西村玲子のおしゃれはわくわく 四十代からの素敵を提案』1998年

205.『玲子さんのクロゼット1』1989年　207.『西村玲子のおしゃれはわくわく3 これからも私の暮らし』2001年

208.–211.『おしゃれの基本帖』2006年

102　212.『西村玲子の暮らしのメイクアップ』2004年

213.−215.『西村玲子のおしゃれはわくわく2 四十代からの暮らし 考える』1999年
217.『西村玲子のおしゃれはわくわく3 これからも私の暮らし』2001年

220

221

さまざまな企業とコラボして商品開発などを手がけてきたが、これもその一つ。千趣会の通販ブランド「ベルメゾン」より2006年4月に発刊された「スタイルノート 夏号」にて、オリジナルプリントを描きワンピースなどをデザイン。ほかのウェアとのコーディネートも提案している。

222

219.–222.「スタイルノート夏号」2006年

106　223.–227.『おしゃれの基本帖』2006年

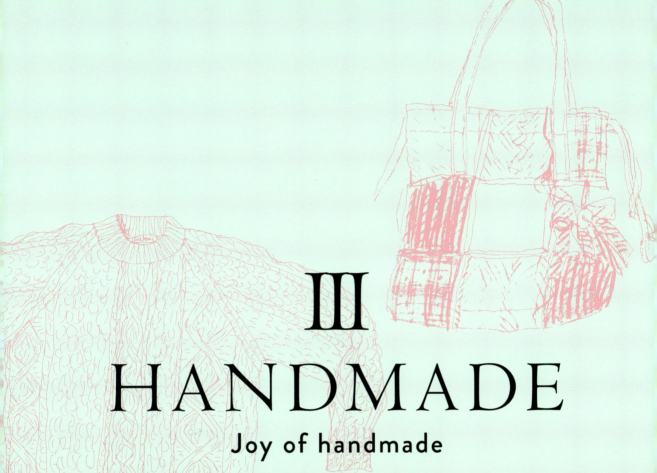

III
HANDMADE
Joy of handmade

「手仕事の愉しみ」

　外に出る勇気がまだない。出なくても家の中でやることがいっぱいあって、退屈はしない。先ずはイラストやエッセイの仕事、そして手芸もそのうちの一つだ。特に布を切って縫い繋げるのに夢中だ。

　食器洗いや掃除洗濯などをしていても飽きてしまう。ソファの上に置いたお裁縫セットに目が行く。ほんの少しずつ、何枚か繋ぐだけよ、と自分にいい聞かせないと止まらない。テレビなどを見ながらつい始めたりして、いやだ、もう出来上がるまで夢中になるなんて。それがあなたの病気でもあるのよ、夢中になってしまう病気、といわれているような。そういうのもあるだろうな。

　今やりたいのは布の整理。ここは花柄だけ、この引き出しは無地の麻だけ、こちらはチェックとストライプばかり。そのうちやりますが、手作り夢中度が深くなりそうで怖い、と笑顔の私。

236

237

238

239

240

241

228.–241. ギャラリーゑいじう個展2018年

110　242.245.246.　未発表作品　243.「天然生活」より　244.248.『西村玲子の素敵な"リ"ライフ』2006年

247.249. ギャラリーゑいじう個展2018年

250

251

252

253

254

255

112　　250.–254.256.–258.　ギャラリーゑいじう個展2018年

256

257

258

255

255.『西村玲子のぶきっちょパッチ』1993年

114　259.261.-265. 未発表作品　260. ギャラリーゑいじう個展2018年

263

264

265

115

266

267

268

269

266.–268. ギャラリーゑいじう個展2018年　269. 未発表作品

270. 『本当に大切なものだけで生きていく』2016年

271. 『玲子さんのおしゃれコレクション』2000年　273. 『西村玲子のビーズアクセサリー　私のスタイル』2000年
274. 『大人のおしゃれ キャリアノート』1994年

275.『玲子さんの365日私の定番』1999年　278. ギャラリーゑいじう個展2018年　279.『おしゃれの適齢期』2008年

280. 『おしゃれの適齢期』2008年　281. 未発表作品

282. 『おしゃれの適齢期』2008年

289.『玲子さんの自分センスで暮らしたい』1994年

290. 未発表作品

291

292

293

294

126　291.–296.　未発表作品

295

297

296

298

299

297.–299. ボザールミュー個展2010年　127

300. 未発表作品

301   302   303   304

305

306   307

301.–307. ギャラリーゑいじう個展2018年

130　308.『西村玲子の素敵な"リ"ライフ』2006年

子どもが着ていたトレーナー。何度も洗濯してぐったりした感じが、捨てるには忍びない。袖の辺りが擦り切れていたりするのがまた何とも言えない。グレーの色合いもいいし、ま、置いておきましょう。と、こういったものが屋根裏部屋に収納されている。ゆっくりとではあるけれど、こんなふうにうさぎの人形を作ってみた。外縫いにすると、端のところがくるりとなって、思わぬ効果がある。体が出来たら、どんな洋服を着せようかしら、どんな顔にしようかしら、子どもっぽくなるのも、しゃれたものになるのも、このときに決まる。

『西村玲子の素敵な"リ"ライフ』2006年

309. 311. 312. 『玲子さんのラクラク手作り教室』2003年　　310. ギャラリーゑいじう個展2010年

132　313.『西村玲子の手作りの服　コットンドリーム』1989年

314.「装苑」連載1991年2月号

316. 『花とともに夢みてばかり』1996年

318. 『西村玲子のおしゃれな布12か月』1990年

319.『西村玲子の手作りの服　コットンドリーム』1989年

320. 『西村玲子の12か月のエプロン』1988年

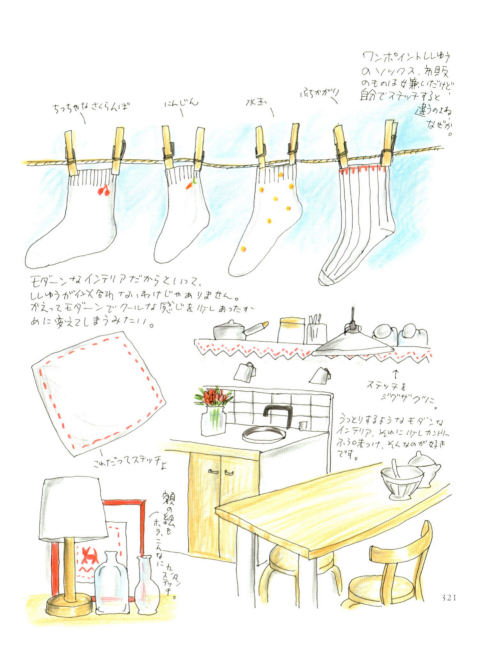

321. 『西村玲子のステッチブック』1984年

322．『西村玲子のおしゃれな布12か月』1990年

323.『玲子さんの快適インテリア空間』1994年

324.『西村玲子のおしゃれな布12か月』1990年

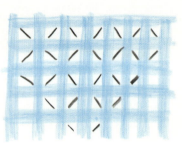

こんなふうに目をさしていくだけで不思議、もようができます。白地にさしたり、色地にさしたりで雰囲気が変わっちゃう。

昨年ドイツを旅行したとき見つけた手芸用の小さな本がヒントです。

大きなチェック小さなチェックで趣きがかわってきます。(でも、あんまり大きすぎないほうがいいです)

何というのかドイツ語がさっぱりなので解らないけど、こういう手法は伝統的なものらしいですね。

紙の上で練習しましょ
こんなふうに方眼用紙にギンガムの色をぬり、刺す要領で描いていきます。鏡をあてると連続もようやシンメトリが感じがつかめると思います。

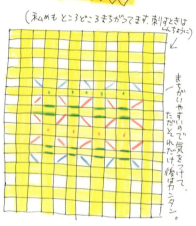

(私もところどころまちがってます。刺すときはしんちょうに)

まちがいやすいので気をつけて、ただどれだけ終わればカンタン。

テープに自分のイニシャルなどをステッチして

タオルやキッチンクロスにぬいつけたり

ランチョンマットにもネ

エプロンにだって！

暇をみつけては、テープに長くステッチしておくと、好き好きに切って使えます。自分のブランドみたいでステキでしょ。

326

144

326.327.『西村玲子のステッチブック』1984年

330. 『西村玲子の定番コーディネイトブック』1993年　331. 『西村玲子のメンズニット』1985年

148　332, 333.『西村玲子の素敵な"リ"ライフ』2006年　334.「家の光」より

335. 『西村玲子のおしゃれな布12か月』1990年

337.-339.『西村玲子のセーターブック PART・2 子供たちへ!』1984年

341. 『玲子さんのおしゃれカラーレッスン』1996年　342. シャープ「ファッピー」

154　343.345.『くらしの色えんぴつ PART2』1985年　344.『くらしの色えんぴつ』1983年

IV
JOURNEY
Memories of the journey

「旅の想い出」

　この章のイラストを見ながら少し悲しくて泣けてきた。いろんな国に出かけたな。これから出かけたい国はと聞かれるけれど、強がりじゃないけれど私はそんなに行きたいところもないし、これで充分幸せでしたと答えている。

　病気をする前の私なら立ち止まらないで旅を続けているはず。見知らぬ国で出会うことにどきどきするのである。あったというべきか。

　しかしいろんな国の最近の出来事を知るにつれて、呑気にへらへらと旅行していていいものかと、この私でさえ考える。それでも平和な田舎に住むファミリーの幸せな姿を映像で見ていると、これこそが人間の幸せ、本物の豊かさは揺るぎなく存在しているように思う。今度生まれてきたらこういう場所でのんびり暮らしたいと思う。

Jean Cocteau musé

Reiko

346

347.『雨の日珈琲屋で』五木寛之著のカバー 1988年　348,349.『KID'S FIRST CLASSIC 音楽のおくりもの』1991年

351. 『映画を観ながらあれこれ思う』2003年

ウディ・アレンの『ハンナとその姉妹』に登場したイーストヴィレッジにある古本屋さん、ページェントブック＆プリントショップ。ホラ、マイケル・ケインがE.E.カミングスの詩集を買って、バーバラ・ハーシーにプレゼントするのでした。恋をする人は、中年といえども少年のよう。いいですね。

ウディ・アレンの『マンハッタン』ファーストシーンがこれ。バックにラプソディインブルーなどが流れて、う〜ニューヨークに行きたい！と思ったものでした。

↑船からブルックリン橋を見上げて。

ドイツの城建築と英国ビクトリア様式をとりいれたダコタアパート
ジョンレノン夫妻が住んでいたし「ローズマリーの赤ちゃん」の舞台 その他有名人が暮らした伝説の高級マンション 中はさぞかしリッチなのでしょうねぇ。

真夜中のカーボーイでジョンボイドがニューヨークの五番街あたりで「自由の女神はどこですか」と聞くところがありましたっけ。

こんなに大きいとは思わなかった、と息子は驚いていました。

353

354. 『玲子さんのメリークリスマスブック』1988年

355. 『おしゃれの適齢期』2008年

356. 『カントリー・ニット　西村玲子イギリスの旅』1991年　　357.359.『玲子さんのすてき発見旅』1992年

イタリア
トスカーナ地方
の写真集です。
タルコフスキーの
映画を思わせる
ような
きれいな写真
です。

これはドイツの本
で Helge classen というシリーズのもの。

358

堀内誠一さんのパリからの手紙。
日本エディタースクール出版からのもの。
この他に同じ著者の「パリからの旅」
はとてもとても役に立っていて、
旅に出るときはいつも持っていくのです。

359

358. 『玲子さんのきらめきライフ　トランクにおしゃれ心つめこんで』1987年　163

164　360.『おしゃれ上手に年を重ねて』2012年

361. 『西村玲子のいつだって着こなし上手』2009年

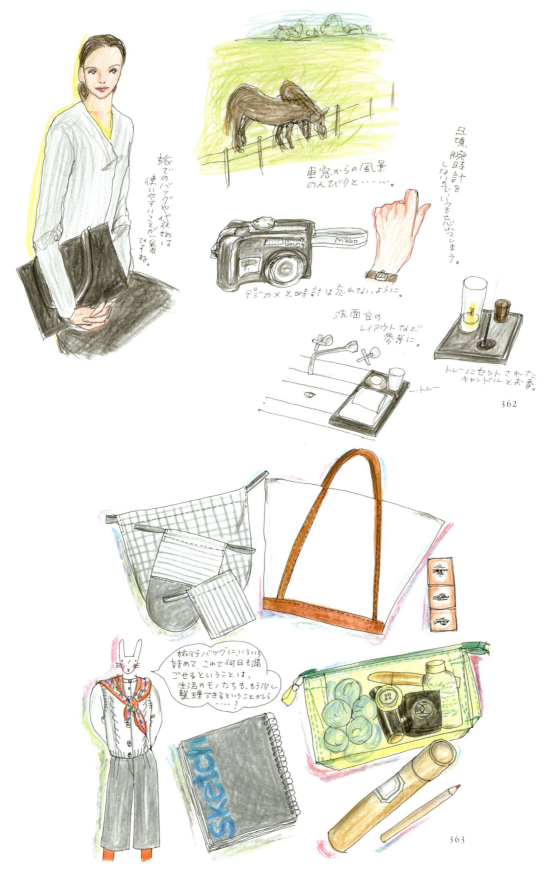

166　362.『西村玲子のいつだって着こなし上手』2009年　363.『くらしの色えんぴつ　PART3』1987年

364. 『玲子さんの歩いた街、訪れたお店』1999年

365.366.『玲子さんのきらめきライフ　トランクにおしゃれ心つめこんで』1987年

367.368. 『玲子さんのきらめきライフ　トランクにおしゃれ心つめこんで』1987年

パリを逃れて海辺の村に。
アンナ・カリーナはこの映画の直前まではゴダールの奥さんだった。

二人の着るものや持ち物、色が上手く計算されている。

大きなポスター

『サブウェイ』や『アメリカの友人』にも出てきた地下鉄。犯罪の匂いがするのね。でもまあ乗ると便利。

凱旋門のあたり。
光が上手に捉えられている。とても上品で美しい。やっぱりセンスがあるのね。それにしても日本は恥ずかしいのね。

いつもくわえたばこのベルモンド。

Tシャツが新鮮だった時代。

パリのシャンゼリゼ通りでヘラルド・トリビューン紙を売る女の子

アンティーク商のコテージに案内された。立派なアンティークのための部屋という感じ。

家の中のものは売り物ではないのです。

デコラティブな椅子も何だか近頃好きになってくるのです。

欲しくて、それに値段も手頃なのに絶対買って帰れない家具。まあ、それくらいのほうが諦められていいかもしれない。限りなく物欲の人になってしまうものね。

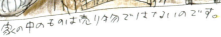

欲しかったのに買えなかった犬の磁器人形。こうしてシンメトリに飾るらしいのです。

370.『カントリー・ニット 西村玲子イギリスの旅』1991年

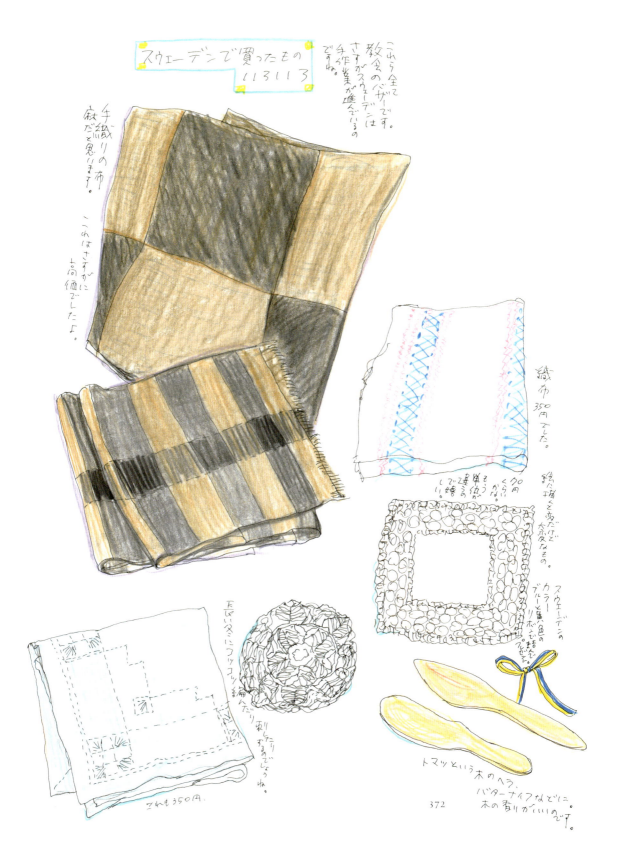

371.372.『玲子さんの暮らし洗練術』1997年

CARLの絵を真似て描いてみました。
絵はこんな風に生活の一端を描いたもの
が多いです。

デザインはCARL LARSSON
職人に作らせた椅子。

奥さまの
アップリケ
シシュウ

奥さまの刺しゅう

暖炉にCARL LARSSONが絵を描いたもの。

多分このテーブルも彼自身のデザイン。
手作りのインテリアという感じが
すごくあったかいのです。
374

373,374. 『玲子さんの暮らし洗練術』1997年　177

こういう風景は3泊ぐらいでは巡り合えない。
ゆったりとした方旅を。

ロイヤルハワイアンショッピングセンターでやはり買ってしまったブランド品。

ポロのシルクシャツ

ソニア リキエルのパンツ

ソニアのブローチ

プラダのバッグ

ロイヤルハワイアンショッピングセンター2Fにあるコーヒーショップのコーヒーとケーキは美味しい。

潜水船艦アトランティス号に乗っての海の底巡りはおすすめです。オアフ島

レンタカーを絶対借りるべき。
オープンカーなんてめったに乗れるものじゃないしね。

こんな夕焼けも見られなかった。

375. 『玲子さんのすてき発見旅』1992年

376.『花とともに夢みてばかり』1996年

ドロシー・ギルマン著のカバーを1988年から飾った。ミセス・ポリファックス・シリーズの『おばちゃまはサファリ・スパイ』、『おばちゃまはハネムーン』、『おばちゃまはヨルダン・スパイ』（集英社文庫）など20冊ほどある。ほかに、五木寛之氏エッセイシリーズ『流されゆく日々'76〜'80』（講談社文庫）5冊のカバーイラストも手掛ける。（→P.157）

377

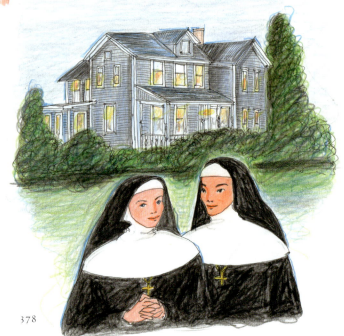

378

377.379.-382.　『ミセス・ポリファックス・シリーズ』　378.　『クローゼットの中の修道女』ドロシー・ギルマン著　181

182　383.『メリッサの旅』　384.『バックスキンの少女』　385.『自由の鐘』ドロシー・ギルマン著

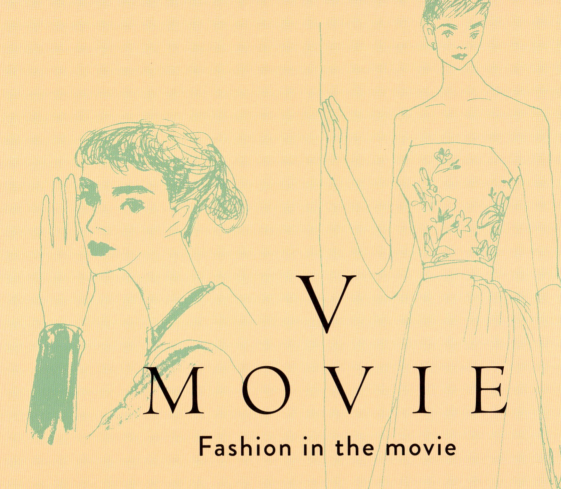

V
MOVIE
Fashion in the movie

「映画に学ぶおしゃれ」

　中学生の頃、私の街に洋画の映画館が出来た。私はその頃日記を付けていた。今も付けていればいいのだけれど、年齢と共にすっかり自然体の暮らし方に戻ってしまっている。

　なぜ日記の話をしたかというと、その映画館でクイズが出た。「オープンした日を覚えている人」、私は日記帳を開いて正解を書いて届けた。そして抽選にもあたって、映画館のチケットが半年だか一年だかもらえたのであった。

　何枚かよく覚えていないが、映画が替わるたびに新しいのを送ってくる。そこでますます洋画に夢中になった。5歳下の弟を連れて行ったこともある。彼は映画を観るのが詰まらなかったみたいだった。とにかく毎週のように新しい映画を観られて嬉しかった。チケットが届かなくなっても、映画ファンであることに変わりはない。60年経った今も続いている。

184　386.『自分らしく生きるおしゃれのレシピ』2007年

387, 389.『玲子さんのシネマの贈りもの』1997年　388.『クロゼットの中には憧れいっぱい 女らしく生活を楽しむ』1994年

390. 『玲子さんのシネマ・ファッション』1988年

391.『玲子さんのシネマの贈りもの』1997年　393『自分らしく生きるおしゃれのレシピ』2007年

『八月の鯨』

樹のように高い紫陽花です。

手編みのオーディガン（かね?）を着た二人。紫陽花の道を歩く。

394

冒頭は回想シーンなのでモノクロから始まる。

395 海辺に建つ家。年老いた姉妹は今もずっと住み続けている。

思い出でうめつくされた部屋

396

きれいな湖と共にピュアな年老いた女性たち。

188　394.396.『玲子さんのシネマ・ファッション』1988年

395, 397. 『自分らしく生きるおしゃれのレシピ』2007年

398.399.『映画を観ながらあれこれ思う』2003年

足ながおじさんのときのレスリーキャロン。私はこの映画大好き。早くLDが出てほしい。

1931年7月1日のパリ生れ。シャンゼリゼ・バレー団のプリマ・バレリーナとして舞台に立っているとき、その踊りがジーン・ケリーに認められ「パリのアメリカ人」で映画デビュー。私は「リリー」がどうもデビュー作のような気がして仕方なかったのね。だってとても可愛かったんですもの。「足ながおじさん」「ガラスの靴」「恋の手ほどき」「ファニー」あたりが代表作というところかな。もっともっと見られると良かったのにね。
キュートでダンスの上手なレスリーキャロン 妖精のようにチャーミング。彼女のような個性には二度とお目にかかれないかもしれません。
さて、そんな全盛期のレスリーキャロンが着ているのはグリーンのカーディガン ジャケット。スカートは全円のフレアースカートでタータンチェック。実はこれ名門女学校の制服です。高校から大学、そんな学生生活をミュージカルに。素敵でほろ苦いそんな生活 卒業して各々の別れ再会。まあよくあるパターンだけど、ミュージカルというのがこれまた大変ね。しかし、レスリーキャロンですもの、ミュージカルにしなければ意味がないのです。今はどうしているのでしょうか。もう56歳ですものね。ああ青春とははかないものです。

サーキュラースカートは踊りやすい。

赤いブーツです。

チロリアンふうの一揃い。パンツはツィード。茶とグリーンって本当に相性が良いのです。

白いスカートと合わせるとシャンとします。

401

400.401. 『西村玲子のセーターブック PART・5』1987年　193

194　402.404.『玲子さんのシネマの贈りもの』1997年　403.『西村玲子のわくわくアンティーク』1995年

白地に大きな花柄のワンピース
布地は透けているので
オーガンジーかしら。

大活躍するには
これくらいのヴォリュームがないと。

404

『満月の夜』　グレー系でまとめた部屋。
着るものまでグレー、黄色がポイントです。

406

405,406.『玲子さんのシネマの贈りもの』1997年

407.408.『玲子さんのシネマ・ファッション』1988年

200 　409.410. 『玲子さんのシネマの贈りもの』1997年

411.412.『映画を観ながらあれこれ思う』2003年

映画 ガーデン物語

エリック・ロメール監督
『春のソナタ』

これが理想です。

『去年マリエンバートで』の人工的な庭園 映画はモノトーンですが。

『ドライビング・ミス・デイジー』 以田をよく作っています。

映画の中に出てくるガーデン。『去年マリエンバートで』や『シャイニング』『英国式庭園殺人事件』などは人工的に手を加えた広大な庭園でしたね。『シャイニング』ではその迷路庭園が大切なシーンになっていましたね。『オルランド』という映画にも使われていました。意味のあるシーンだったから、迷路庭園というのは映画の格好の材料になるのでしょう。

私達も参考にして、庭なりヴェランダなりに取り入れたい映画もいろいろありますね。『春のソナタ』『ハワーズ・エンド』もちろん、立派な庭園なのだけれど、その自由に咲き乱れる花、実のなる樹としてのバラのアーチだったりいいなとうっとり見たものです。『リー荘』ならではの自然との向き合いがいいのね。

『ドライビング・ミス・デイジー』はその家を愛し樹を庭を愛したミス・デイジーの息吹きが感じられます。ラストシーンが花水木から始まったように思えるのだけど、花水木の樹を植えたいな。いやとても見事でした。

『グリーンカード』のような例もありますね。庭がなくても、オリーブ一鉢でいいから。などと庭あれば、の話ですが……。

『秘密の花園』、もう溜息ものです。（映画としては今一つ物足りないものでしたが。）

ケン・ラッセル監督の
『マーラー』
こういう場所ならいい音楽が
作れそう、いい絵が描けそう、
いい文章が書けそう、などと可能
性がいっぱいの美しい自然の中の
家。

屋上に作った
ミニガーデン。

『グリーン・カード』

エクステリアが素晴らしい。こんなマンション
がニューヨークにあるのですね。外から見
ただけでは覗い知れないところです。
手入れが大変だと思うけれど、憧れです
『グリーン・カード』アンディ・マクダウェルが
選んだグリーンと暮らす住まい。

『運命の逆転』
実際にあった事件を映画化したもの。
大富豪の居る家ってこんなの、という感じ。あまりにも
すごくて羨ましくも何ともないのです。お化粧のよう
ですもの。

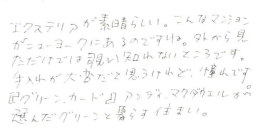

『男と女パートⅡ』でまだまだ貫禄のある美しい人だったアヌーク・エーメ。
『モンパルナスの灯』などではとても清らかなイメージだったけど、今はとても艶か。
とてもパートⅠから20年たったと思えません。こんなに年をとれたらほんとにいいのに。

トリュフォーの『突然炎のごとく』のジャンヌ・モロー。年齢より太っぽく不思議な雰囲気のある人。笑うととたんに可愛らしくなるしジャンヌ・モローの出る映画は全て魅力的でした。
今の彼女は、TVや雑誌でたまに見ると、太って可愛らしく知的（何といってんとしているのだか私）な59歳です。

老人役のルイ・デュクルーという名優。上品で本当に素敵です。
それにしても娘や息子たちが、それほど老人への理解が足りない。やはり自分たちも老人にならないと、その深いところはわからないのかもしれません。
家族というものの有り方も考えさせられる映画でした。

森のレストランでポルカを踊る娘と父

全体が印象画の絵のような映画『田舎の日曜日』

主人公はラドミラルという老人。
フランスの田舎に住んで、絵を描いて一人の生活を楽しんでいる。どこかは淋しさも漂うけれど、ああ、こういう老後もいいなあ、と思わせられます。

亡くなったので残念です。
シモーヌ・シニョレ。思春期の店のおばさんは素敵でした。太っていてとても魅力的。

両横に流れるような目をしたマリイ・ラフォレの新しい映画『タンゴ』です。

↓少し凄みのある女優さんになっていました。でもあいかわらずスタイルがいい。

往年のキャサリン・ヘプバーン知的でボーイッシュなイメージ

特徴のあるほお骨と切れ長の目海自の知的な盾はあいかわらずでやはりそれなりに上品ないい感じのお婆さんです。
スペンサー・トレイシーの生涯の恋人でした。

415.416.418.『玲子さんのシネマ・ファッション』1988年

419. 『玲子さんのシネマの贈りもの』1997年　420. 『玲子さんのシネマ・ファッション』1988年
421. 『自分らしく生きるおしゃれのレシピ』2007年

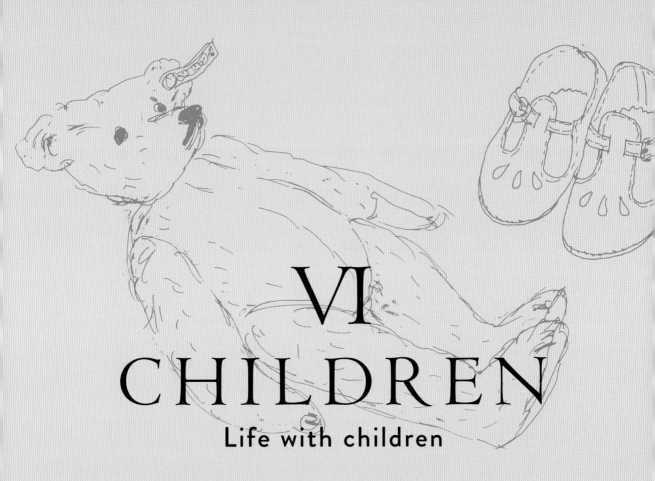

VI
CHILDREN
Life with children

「子どものいる風景」

　子ども二人が小さい頃は、それなりの仕事がやって来た。子どもと共に私自身が成長していく過程が仕事になっていた。「ケーキを家族で作っているところを撮影したいですね」「あのー、ケーキを焼いたことはないんですよ」正直にいう。「いいですよ、材料持っていきますよ」。子ども二人と夢中になってケーキを作った。
　その後引っ越したところには大きなオーブンがついていて、せっかくだから何か作らないとね。丸ごとアップルのオーブン焼き、クッキーなど…。そのうち子どももあんまり欲しがらなくなってやめた。
　子ども達はお好み焼きを作ってよといっても、ケーキを焼いてよとはいわなかった。私もそれほどお菓子に興味がない。それでも、仕事となれば頑張れる。世の中を、いえ、私を動かしているものは単純、シンプルな理由なのだ。

毛糸で編んだ筒をかぶせたハンガー。

赤ちゃんのハンガー

赤ちゃんのハンガーは見ているだけでかわいい。このハンガーにかわいいお洋服がかかったら、何て素敵なことかしら。

布のハンガー。ポプリのサシェを一緒に吊るします。

ハンガーの上からカバーをかけて刺しゅうなどします。

ペイントしたハンガー。少し器用な人なら作れちゃいそう。

August							August						
SUN	MON	TUE	WED	THU	FRI	SAT	SUN	MON	TUE	WED	THU	FRI	SAT
	1	2	3	4	5	6	7	8	9	10	11	12	13
SUN	MON	TUE	WED	THU	FRI	SAT	SUN	MON	TUE	WED	THU	FRI	SAT
14	15	16	17	18	19	20	21	22	23	24	25	26	27
SUN	MON	TUE	WED										
28	29	30	31										

423

425. ギャラリーゑいじう個展2018年

426

427

428. ギャラリーゑいじう個展2018年

210　426.427.　『くらしの色えんぴつ　PART3』1987年

429.『玲子さんのおしゃれ上手は子育て上手』1995年

430.431.『玲子さんのおしゃれ上手は子育て上手』1995年　213

432

深いブルーのワンピース。少しクラシックなデザインです。
衿は白。靴下は黒で靴も黒がいいな。モデルは少し年齢が
低いけど、このまま大きくして少女になっても着せてみたい。

右：キチンとしたプリーツのジャンパースカート。プリーツは深くて、いつもきれいにアイロンをして着せたい。白いブラウスが絶対。
左：刑事ジョン・ブックに出てきたような少年にしてみました。小さな男の子ならテーラードのジャケットより、こんな方が可愛いみたい。布はビロードがいい。ボタンもくるみです。

434. 『西村玲子のマタニティ・ブック』1983年

435. 『西村玲子の楽しみマタニティライフ』1989年

218　437.439.『西村玲子のマタニティ・ブック』1983年　438.『くらしの色えんぴつ PART2』1985年

440. 『西村玲子の楽しみマタニティライフ』1989年

441

442

幼稚園教諭や保育士向けの学研、保育系月刊雑誌『ピコロ　The Idea Magazine for Teachers』の表紙、裏表紙を1986～1988年（no.25～48）にわたり、描いたもの。

443

444

441.-444. 『ピコロ』

445

446

449

450

451

452

453

こどもたちのメモリー
こども通信①

60年

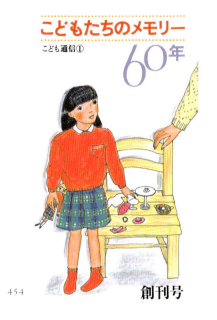
454
創刊号

455

江崎グリコのPR誌として1985年から1993年まで19冊発行された子どもの暮らしに特化した小冊子『こども通信』。表紙、中面など24ページにわたり、イラストやエッセイを手掛けた。

457

456

458

449.–458.『こども通信』

459

460

461

462

463

464

459–472. 『こども通信』

228 　473-481. 『こども通信』

VII
RONRONMAMA
My favorite character

「ロンロンママ」

　「ロンロンミニィ」の連載が始まったのは雑誌『服装』の編集長の平沢啓子さんのおかげである。長い連載の最中に突然平沢さんは亡くなられた。その頃の私は喘息がひどくて逆に励まされていた。私はこの方の大ファンだった。今ここにいらしたら感謝の言葉をいっぱいさしあげたい。もっといろんなお話をお聞きしたかった。私以外にもそう思う方たちは多かったはず。

　さて、そんなロンロン、2度目の結婚で私に男の子と女の子が生まれて、平沢さんより提案があった。ロンロンミニィはロンロンママに名前を変えて、家族の物語にしませんか。男の子はアップルちゃん。女の子はれんげちゃんという名前にする。雑誌は『生活の絵本』に変わったけど、連載は果てしないと思えるくらい続けさせて頂いた。有り難かった。ロンロンにはいろんな歴史があったのです。今回はここで。

229

以前にもロンロン人形を作った。そのころは普通にミシンで仕事をしていたから、きちんと縫って裏返して、手、脚も別に作って、それぞれに綿を入れて縫いつけるという生真面目なものだった。今回のロンロン人形は、手脚もそのままつながった型紙を使う。それ自体が前回のものよりアバウト。麻の布地を使ったところが今風といえば、今風（昔から麻は使っていたけれど、今また火がついたようだ）である。裏表のロンロン人形を外縫いにまつる。これだけが結構時間がかかるのだが、それさえ出来れば、あとは顔をステッチして服を着せるだけ。そこのところが楽しい。単なる麻の細長い布が俄然、おしゃれに輝き始めるのだから。4体作ったが、あとはみんなおしゃれをかわれて、お嫁に行った。どの子もおしゃれだったな。本体が気軽に出来るなら、それだけで展覧会をしたいな。

『西村玲子の素敵な"リ"ライフ』2006年

483. ギャラリーゑいじう個展2018年

484. ギャラリーゑいじう個展2018年

485

485. 『西村玲子のぶきっちょパッチ』1993年

232　487.490.−492. ロンロンドール（製品）　488.『ロンロンママのいつだっておしゃれ』1995年

P.230、231のロンロンママ人形から、このページのロンロンママ・ドールは生まれた。1986年にタカラから限定発売された樹脂製のロンロンママドールをモデルに、2017年から布製品として商品化された。顔は印刷されているが、本体、ウエアとも一体ずつ手作業で作られ、異なる布づかいの着こなしがチャームポイント。

489. ロンロンフープ（製品）　487.489.–492.の販売先　www.mspalette.net/　233

234　493.『ロンロンママの季節のおしゃれ』1988年

お久しぶりです、ロンロンです。西村玲子

お久しぶりです、ロンロンです。あれから私もすっかりパッチワークの虜になっております。カンタンな四角つなぎから、五角形、菱形、クレイジー、ヨーヨーなどときのとし、今では自己流にロンロンパッチなどと名付けて、相変わらずぶきっちょながらも好きならばこそ、どんどん作ってどんどん使うのが私のやり方ですので、アンティークの質のいいものもいっぱい。しかしながら、アンティーク（海外で買った）の素敵さに程遠い。これは何なのでしょうか。私の理想は、味。ぶきっちょでも何でも味のあるキルトが欲しい。だからついつい海外に行くと一枚ずつ買ってきてしまいます。もちろん、でもスーツケースの場所を占めてしまいますから、それが精いっぱいではあるのですが。

238　499.『ロンロンママの季節のおしゃれ』1988年　500.『ロンロンママのファッション哲学ブック』1986年

502.「私の部屋」1986年夏号

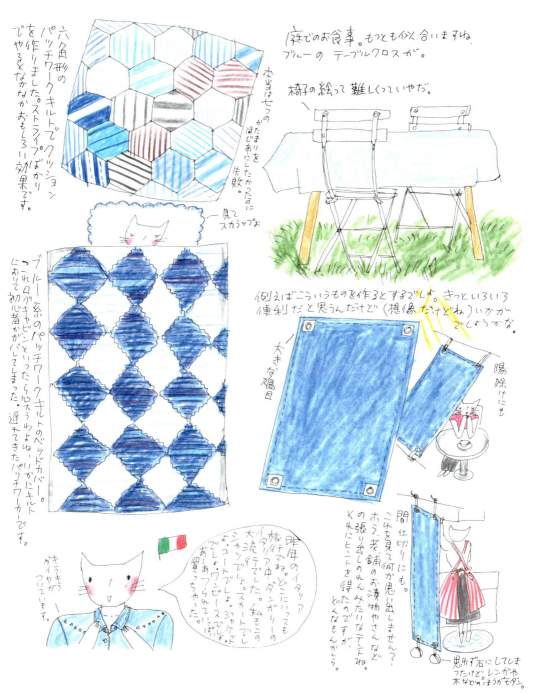

505.『ロンロンママの季節のおしゃれ』1988年

506.『ロンロンママのいつだっておしゃれ』1995年

507. 「私の部屋」1992年春号

508. 『ロンロンママの季節のおしゃれ』1988年

509.510.『ロンロンママのいつだっておしゃれ』1995年

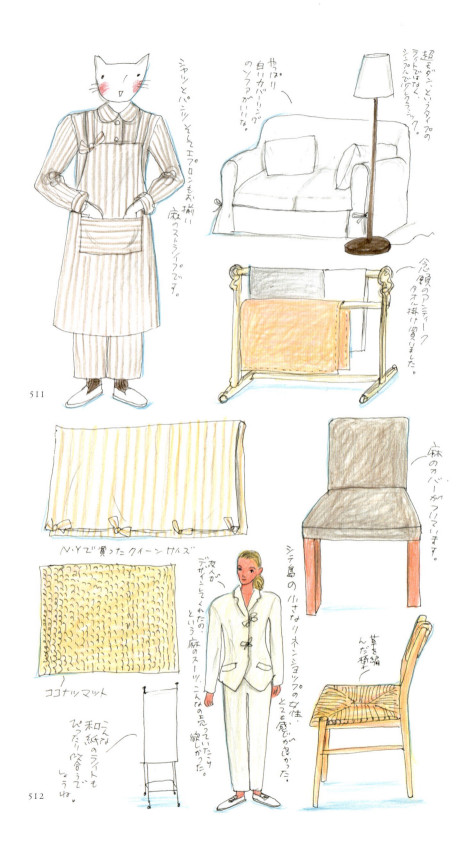

248　511.512.『玲子さんの一日をていねいに暮らしたい』1999年

VIII CALENDAR
Calendar work
「カレンダー」

　カレンダーを毎年作っている。昨年は骨折して手術、入院したものだから作れないでいた。今年は作りたいな。こうして昔作った初期のカレンダーを見ていると、若さがほとばしるようで少し恥ずかしい。

　植物をテーマにしたことがある。小学校時代の担任だった先生に送ったら、とても喜んでもらえて、月が替わるたびに電話で感想を下さる。「今月もいい絵だったよ。すごく癒やされるよ」。褒めて頂くのは嬉しいけど照れくさい。もっと頑張らねばと思う。

　今年はテーマを日常にしようかと思う。思うなんてのんびりしている場合じゃない。直ぐにでも取り掛からねば、日にちは待ってくれない。何か月も入院していると、のんびり人間はますますのんびり度が高まって、危機感を失ってしまう。それが一番怖い。

513. 「鈴屋」カレンダー 1970年

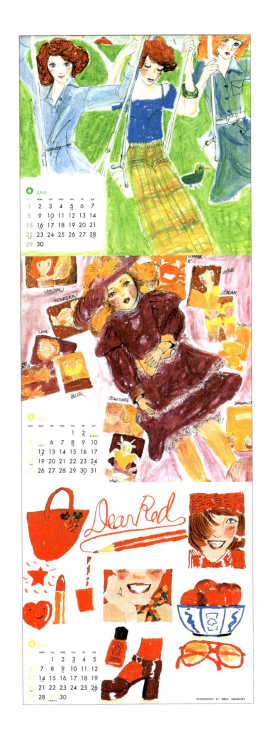

514. カレンダー 1975年

515. カレンダー 2015年

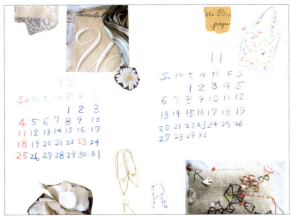

516. カレンダー 2017年

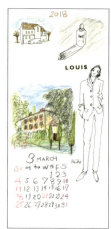

517. カレンダー 2018年

IX
EARLY WORKS
Works of the beginning

「初期の仕事」

　東京に出てきた20代の頃、いろんな方から仕事を頂いた。初めての絵本も描いた。資生堂のコマーシャル、明治製菓などの広告のお仕事、そんな動きのある時代だったのだろう。忙しいけれど楽しい仕事ばかりだった。私はそんな時代を通り抜け、今に至っている。ここにある初期の仕事は、その中のほんの一部なのです。

　漫画を描いていたこともある。雑誌の取材でお菓子を焼いたり、撮影のためスケートを履いて若い人たちと踊ったり、信じられないが私も若かった。そこで空を見上げて少し物思いにふける。少しだけ物思いにふける。いろんなことが目の前を通り過ぎる。もうすぐ私も死ぬのかなと笑う。

　でも今いる自分のために、もうひと頑張り。この文章が分岐点かしら。100歳まで生きることにします。出来るものならね。

518

明治製菓のココアのパッケージのイラストを描く。上は子供用の箱パッケージ。右ページは大人用のココア缶に描いたもの。

1974年〜85年に発刊されていたサブカルチャー月刊誌「ビックリハウス」(パルコ出版)に連載されていたマンガのシリーズ。他にも「ヘルプマン」シリーズなどがある。

521

522

523

イヴ・サンローランのコミックは私の宝物的洋書だ。この本を見ると銀座にあった洋書店イエナで見つけ、興奮しているまだ若かった私がいる。何度も見ては溜息をつき、やっぱり買おうか、と決心する。忘れてしまったが、私にしては高価だった気がする。「La vilaine Lulu」というタイトル、みっともないリュリュちゃん、というタイトルからして面白い。そのリュリュちゃんの天真爛漫ぶりを描いている。そこはセンス溢れるフランスのデザイナー、黒と赤の二色使いがきりりといい。どんなに主人公が悪事を働こうが可愛くて憎めない。これだわ、私も描いてみようとロンロンという猫人間を考えた。ロンロンは著者に似てシャイで、リュリュほどには天真爛漫にはなれなかった。小市民だなあ、とつくづく思う。イエナはやっぱり、存在して欲しかった。

『もっと素敵に、美しく』2014年より

521.–525. 『女の人生わくわくブック』1980年

当初は雑誌「服装」（婦人生活社）に1970年頃から連載していた。

「服装」で「ロンロンミニィ」連載後、「私の部屋」に舞台を移し、「ロンロンママ」のマンガとして連載する。ロンロンママは、自分と同じ、男の子と女の子を持つ、失敗続きの夢見るお母さんである。

1979年に出版した初めての著書『Fruits Books オレンジの絵本』。フルーツにまつわる絵本、エッセイ本。オレンジにまつわる童話、ファッション、インテリア、コレクション、占いまで、明るくユーモアあふれる一冊。

528.–530.『Fruits Books オレンジの絵本』1979年

著書一覧

*のちに文庫化されたものは除く
*出典明記がないイラストは初出もしくは不明のもの

1979年	Fruits Books オレンジの絵本　圭文社（→P.264,265）
	ママバニィの楽しいおべんとう　圭文社
1980年	女の人生わくわくブック　じゃこめてい出版（→P.260,261）
	楽天的に若々しく暮らすコツ　じゃこめてい出版
1981年	ロンロンママのこども料理教室　婦人生活社
	上手な演出でステキになれる　1日を2倍に楽しむヒント　じゃこめてい出版
1982年	暮しの夢づくり　じゃこめてい出版
	魔女ふうママと子どもたち　子育て魔法のレッスン　鎌倉書房
	手づくりアイデア・プレゼント（共著：まなせ みちえ）　集英社
1983年	くらしの色えんぴつ　東京書籍（→P.56,154）
	西村玲子のマタニティ・ブック　東京書籍（→P.216,217,218,219）
	秘密のおしゃれ絵本　バンダイ
	西村玲子のセーターブック　日本ヴォーグ社
1984年	ロンロンママのおしゃれのお楽しみブック　じゃこめてい出版
	ロンロンママの暮しのお楽しみブック　じゃこめてい出版
	西村玲子のステッチブック　日本ヴォーグ社（→P.139,144,145）
	西村玲子のセーターブック　PART・2 子供たちへ！　日本ヴォーグ社
	（→P.150,151）
	暮しのときめき図鑑　集英社
	ママバニィの赤ちゃんと楽しくつきあう本　ダイワアート
1985年	くらしの色えんぴつ　PART2　東京書籍（→P.57,154,218）
	ロンロンママの生活探検ブック　じゃこめてい出版
	西村玲子のサマーセーターブック　日本ヴォーグ社
	西村玲子のブライダル・ブック　東京書籍
	玲子さんのわくわくファッション・トーク　集英社
	西村玲子のユーモアブティック　じゃこめてい出版（→P.258,259）
	西村玲子のメンズニット　日本ヴォーグ社（→P.147）

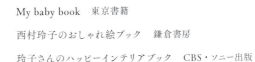

	My baby book　東京書籍
	西村玲子のおしゃれ絵ブック　鎌倉書房
	玲子さんのハッピーインテリアブック　CBS・ソニー出版
1986年	西村玲子・麻のサマーセーター　日本ヴォーグ社
	ロンロンママのファッション哲学ブック　じゃこめてい出版（→P.238）
	玲子さんのハッピーバースデーブック　CBS・ソニー出版
	西村玲子のスイート・メモリーブック　鎌倉書房
	西村玲子のセーターブック　PART・4　日本ヴォーグ社
	ステキな女の子図鑑　集英社
	玲子さんのキッチンおしゃれノート　立風書房（→P.31,58,59,62）
1987年	くらしの色えんぴつ　PART3　東京書籍（→P.30,48,49,69,81,166,210,214,215）
	玲子さんのちょっと大人のおしゃれブック　主婦の友社
	玲子さんのすてきなカード・ブック　白泉社
	ウーリー家のすてきなバースデー　あすなろ書房
	西村玲子のセーターブック　PART・5　日本ヴォーグ社（→P.192,193）
	西村玲子のカンタンおしゃれ服　婦人生活社
	玲子さんのきらめきライフ　トランクにおしゃれ心つめこんで　講談社
	（→P.163,168,169,170,171）
1988年	西村玲子の娘とわたしのおしゃれごっこ　文化出版局
	ロンロンママの季節のおしゃれ　じゃこめてい出版（→P.234,238,240,241,242,245）
	玲子さんの東京物語　主婦の友社
	玲子さんのおしゃれノートA-Z　集英社（→P.69,89）
	玲子さんのメリークリスマスブック　CBS・ソニー出版（→P.52,54,55,160）
	玲子さんのシネマ・ファッション　講談社
	（→P.62,186,188,198,199,204,205,206）
	西村玲子のリバティあこがれ服　婦人生活社
	西村玲子の12か月のエプロン　グラフ社（→P.138）
	玲子さんのファブリックおしゃれノート　立風書房

1989年	西村玲子の楽しみマタニティライフ　文化出版局（→P.208,209,217,219）
	西村玲子の手作りの服　コットンドリーム　文化出版局（→P.132,137）
	玲子さんのクロゼット1　角川書店（→P.27,99）
	西村玲子のニット 旅で出会ったすてきな人　文化出版局
	玲子さんのキッチンおしゃれノートPART2　立風書房（→P.60）
	素敵に出会った　東京書籍

1990年	玲子さんの子ども服　鎌倉書房
	玲子さんのアイデアマーケット　立風書房
	玲子さんのクロゼット2　角川書店（→P.73）
	ペーパードリーム　白泉社
	西村玲子のメンズニット セーターの似合う人　文化出版局
	西村玲子のおしゃれな布12か月　グラフ社（→P.136,140,142,149）

1991年	KID'S FIRST CLASSIC 音楽のおくりもの　主婦の友社（→P.157）
	幸福についての40章　じゃこめてい出版
	色鉛筆の花たち　東京書籍（→P.8,45,47,48）
	玲子さんのブランド・シック　講談社
	カントリー・ニット　西村玲子イギリスの旅　文化出版局（→P.162,173）
	西村玲子の夢物語　東京書籍（→P.53,55）

1992年	花にウキウキ　PHP研究所（→P.12,16,17,18,44,49,51）
	玲子さんの憧れ、未完成　立風書房
	玲子さんのすてき発見旅　講談社（→P.162,163,178）

1993年	玲子さんの贈り物の本　三笠書房
	西村玲子の定番コーディネイトブック　角川書店（→P.27,69,147）
	玲子さんの新鮮おしゃれリメイク　KKベストセラーズ
	玲子さんのおしゃれセンス　講談社
	玲子さんのおしゃれ上手 生き方上手　海竜社
	西村玲子のぶきっちょパッチ　婦人生活社（→P.113,231）
	玲子さんのきょうは、何を着ようか　主婦と生活社

1994年	玲子さんの快適インテリア空間　立風書房（→P.141）
	クロゼットの中には憧れいっぱい 女らしく生活を楽しむ　PHP研究所（→P.185）
	西村玲子わたしの手づくりブック　シンプルでやさしい服　日本ヴォーグ社
	玲子さんの自分センスで暮らしたい　立風書房（→P.13,31,45,46,50,58,59,69,123）
	玲子さんのおしゃれ自由自在 賢い着まわしのヒント　海竜社
	大人のおしゃれ　キャリアノート　徳間書店（→P.118）

1995年	玲子さんのおしゃれ上手は子育て上手　海竜社（→P.55,211,212,213）
	玲子さんの好きなものに出会う旅　講談社
	西村玲子わたしの手づくりブック　プロヴァンスとパッチワークと　日本ヴォーグ社
	ロンロンママのいつだっておしゃれ　東宛社（→P.232,243,246,247）
	西村玲子のわくわくアンティーク　主婦の友社（→P.28,43,194）
	西村玲子快適インテリアへのおさそい　学習研究社（→P.37,39,61）

1996年	玲子さんのおしゃれカラーレッスン　立風書房（→P.43,48,153）
	玲子さんのおしゃれ素敵発見　海竜社
	花とともに夢みてばかり　俊成出版社（→P.37,39,53,57,59,61,62,135,179）

1997年	玲子さんのお手本にしたい、あの人のおしゃれ　主婦と生活社
	ちょっと憧れ、こんな暮らし方　講談社
	玲子さんのシネマの贈りもの　講談社
	（→P.184,185,187,194,195,196,197,200,201,202,203,206）
	玲子さんの暮らし洗練術　海竜社（→P.174,175,176,177）

1998年	西村玲子のおしゃれはわくわく　四十代からの素敵を提案　文化出版局（→P.97）
	玲子さんの花育て花暮らし　海竜社（→P.8,19,52）
	玲子さんのおいしいテーブル　立風書房（→P.28,61）
	布が織りなす暮らし　日本放送出版協会

1999年	玲子さんの一日をていねいに暮らしたい　立風書房（→P.248）
	玲子さんの365日私の定番　講談社（→P.119）
	西村玲子のおしゃれはわくわく2　四十代からの暮らし 考える　文化出版局 （→P.27,102,103）
	玲子さんの毎日がとっておき　暮らしを彩る12+1のヒント　清流出版 （→P.39,49,60）
	玲子さんの歩いた街、訪れたお店　主婦と生活社（→P.167）
	玲子さんのリフォームでシンプルに暮らしたい　立風書房

2000年	西村玲子のビーズアクセサリー　私スタイル　主婦の友社（→P.118）
	おしゃれのセンスは街ゆく人から　立風書房（→P.66）
	玲子さんのおしゃれコレクション　立風書房（→P.6,20,33,38,118,152）

2001年	玲子さんの私だけの手づくりアイデア　立風書房
	玲子さんのときめき365日　暮らしを彩る13のヒント　清流出版（→P.21,48）
	西村玲子のおしゃれはわくわく3　これからも私の暮らし　文化出版局 （→P.77,94,95,96,97,99,103）

2002年	旅のように暮らしたい。　講談社（→P.15）
	西村玲子の50歳からのおしゃれ生活　いくつになっても素敵のヒミツ　大和出版
	玲子さんのわたしサイズの暮らしの楽しみ　青春出版社

2003年	玲子さんの好きなものに出会う旅　講談社
	映画を観ながらあれこれ思う　文化出版局（→P.158,190,191,201）
	玲子さんのラクラク手作り教室　講談社（→P.131）
	おしゃれの賞味期限　世界文化社
	素敵にスカーフ・マフラー・ストール　玲子流おしゃれテクニック　PHP研究所 （→P.98,99）

2004年	西村玲子の暮らしのメイクアップ　文化出版局（→P.78,79,102）
	おしゃれな旅じたく　世界文化社
	思い出をカタチにするヒント　地球丸
	大人時間のすごし方　コラージュな午後　ランダムハウス講談社

2005年	おしゃれの曲がり角　世界文化社	
2006年	おしゃれの基本帖　世界文化社（→P.90,91,100,101,106）	
	黒猫ひじき　ポプラ社（→P.23,24）	
	西村玲子の素敵な"リ"ライフ　実業之日本社（→P.62,110,111,130,131,148,230）	
2007年	自分らしく生きるおしゃれのレシピ　PHP研究所（→P.60,184.187,188,189,206）	
2008年	おしゃれの適齢期　世界文化社	
	（→P.24,74,75,76,77,86,87,88,90,119,120,121,146,161）	
2009年	西村玲子のいつだって着こなし上手　朝日新聞出版（→P.24,72,73,165,166）	
2012年	おしゃれ上手に年を重ねて　海竜社（→P.36,37,72,91,164）	
2013年	ずっと！おしゃれ上手　メディアファクトリー	
	玲子さんの大人のおしゃれ生活　海竜社（→P.88）	
2014年	西村玲子のていねいだけど軽やかな暮らし　いきいき出版局	
	よそおい手帖　毎日新聞社	
	もっと素敵に、美しく　KADOKAWA（→P.15,21,22,261）	
2015年	おしゃれは楽しく　いつも好きな服で　KADOKAWA	
2016年	本当に大切なものだけで生きてゆく　KADOKAWA（→P.117）	
	玲子さんのおしゃれクロゼット　ポプラ社	
2017年	いつも、おしゃれで。　毎日新聞出版	
	玲子さんのシニアというエレガンス　海竜社	
2018年	玲子さんののんびり老い支度　主婦の友社	
2019年	玲子さんの心地いい時間　宝島社	

    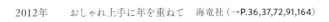      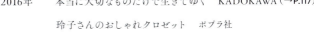 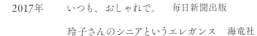 

西村玲子　Reiko Nishimura

イラストレーター、エッセイスト。大阪生まれ。イラストレーターとして仕事を
始め、現在まで第一線で活躍。ファッション、インテリア、旅、映画などを通し
て、心地よい暮らしの提案をしている。手作りアクセサリーやパッチワーク、
コラージュなどの創作活動にも力を入れており、年1回個展で発表してい
る。著書に『玲子さんのシニアというエレガンス』（海竜社）、『玲子さんの
のんびり老い支度』（主婦の友社）ほか多数。

STAFF

装丁・デザイン / 天野美保子

撮影 / 鏑木希実子

企画 / 酒井恵美

編集 / 酒井恵美、平井典枝

協力 / アールシーエム株式会社、江崎グリコ株式会社、株式会社千趣会、株式会社明治、ギャラリーゑいじう

西村玲子の絵と手とことば

REIKO'S CREATION from 1970

2019年10月18日　発　行　　　　NDC593

著　者　　西村玲子

発行者　　小川雄一

発行所　　株式会社 誠文堂新光社

　　　　　〒113-0033　東京都文京区本郷3-3-11

　　　　　（編集）電話03-5805-7285

　　　　　（販売）電話03-5800-5780

　　　　　http://www.seibundo-shinkosha.net/

印刷所　　株式会社 大熊整美堂

製本所　　和光堂 株式会社

ⓒ 2019, Reiko Nishimura.　　Printed in Japan　検印省略　禁・無断転載

落丁・乱丁本はお取り替え致します。

本書に掲載された記事の著作権は著者に帰属します。

こちらを無断で使用し、展示・販売・レンタル・講習会等を行うことを禁じます。

本書のコピー、スキャン、デジタル化等の無断複製は、著作権法上での例外を除き、禁じられて
います。本書を代行業者等の第三者に依頼してスキャンやデジタル化することは、たとえ個人や
家庭内での利用であっても著作権法上認められません。

JCOPY ＜（一社）出版者著作権管理機構 委託出版物＞

本書を無断で複製複写（コピー）することは、著作権法上での例外を除き、禁じられています。
本書をコピーされる場合は、そのつど事前に、（一社）出版者著作権管理機構（電話03-5244-
5088／FAX03-5244-5089／e-mail:info@jcopy.or.jp）の許諾を得てください。

ISBN978-4-416-61967-4